AF585821

PETIT MANUEL

SUR

LES DROITS ET LES DEVOIRS DU CITOYEN.

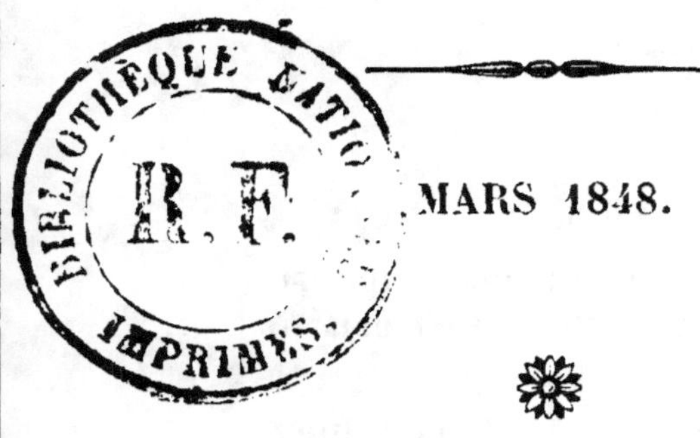

MARS 1848.

❁

Prix : 20 centimes.

NANCY,

A LA LIBRAIRIE DE GRIMBLOT ET COMPie.,

Place du Peuple, 7.

ET CHEZ TOUS LES LIBRAIRES DES DÉPARTEMENTS DE LA MEURTHE, DE LA MEUSE ET DES VOSGES.

1848.

PETIT MANUEL

SUR LES DROITS ET LES DEVOIRS

DU CITOYEN.

Demande. Qu'est-ce que la République ?

Réponse. C'est la forme de Gouvernement que se donne un peuple, quand il est assez mûr, assez éclairé pour faire ses affaires par lui-même.

D. La France n'a-t-elle pas eu déjà la République?

R. Oui : elle l'a proclamée en 1792; mais alors la guerre civile à l'intérieur, la guerre d'invasion à l'extérieur s'opposaient à l'établissement d'une véritable République. Le Gouvernement de 1792 ne fut et ne pouvait être qu'une dictature violente et terrible. La République de 1848 s'est profondément séparée de la République de 92, en abolissant la peine de mort en matière politique ; ce sera une République de concorde et de paix.

D. Une vraie République est-elle possible aujourd'hui ?

R. Elle est non-seulement possible, mais elle est actuellement la seule forme de Gouvernement possible en France.

D. Comment la République est-elle possible aujourd'hui?

R. La France, bien plus éclairée qu'en 1792, est aussi plus capable de se conduire elle-même. Elle n'est plus déchirée par trois ou quatre partis également puissants, également irréconciliables. Les haines politiques ont cessé: l'esprit public est assez unanime et homogène. La France forme comme une grande famille au sein de laquelle règne un profond sentiment de fraternité. Elle possède ainsi les lumières et l'union nécessaires pour se gouverner elle-même.

D. Comment la République est-elle aujourd'hui la seule forme possible de Gouvernement en France?

R. Depuis 40 ans la France a essayé de tous les régimes monarchiques : elle les a tous répudiés. La France a prouvé par là qu'elle n'a plus foi en la monarchie, sous quelque forme qu'elle se présente. Tout regard vers le passé serait un appel à la guerre civile ; toute tentative de contre-révolution amènerait infailliblement une révolution nouvelle. C'est qu'en effet le progrès de la civilisation qui appelle un nombre toujours plus grand de Français à la jouissance des droits du citoyen, a rendu inévitable l'avénement de la République. Cet avénement est un fait accompli.

D. Mais la France veut-elle aujourd'hui sincèrement la République?

R. Qui pourrait en douter, en voyant les acclamations unanimes qui ont salué la République à sa naissance! Oui, cette unanimité des journaux, cet assentiment général de tous les départements, ce tressaillement des peuples voisins à la nouvelle de notre dernière révolution, tout cela serait inexplicable, si la République n'était qu'un phénomène passager, si elle n'avait point de racines dans le sol français, si elle n'était pas l'expression des vœux et des besoins de toute la nation.

D. L'Europe a-t-elle accepté la République française?

R. Oui, son acceptation a été spontanée ; c'est qu'en effet notre révolution a été un immense bienfait pour l'Europe entière; en s'affranchissant elle-même, la France a, du même coup, affranchi tous les peuples. Les alliances monstrueuses qui pervertissaient les rapports naturels entre les états européens sont brisées; les traités de 1815, qui déshonoraient l'Europe autant que notre France, sont abolis; la France recouvre sa pleine indépendance; elle tend une main pacifique à tous les peuples; elle renonce à toute conquête; elle n'ambitionne et ne reprend que son ancien rôle, son rôle éternel, celui d'éclairer le monde, et de marcher à la tête de la civilisation.

D. Faites connaître la nature du Gouvernement républicain.

R. L'esprit du Gouvernement républicain se résume tout entier dans les trois mots qui lui servent de devise : *Liberté, Egalité, Fraternité.*

D. Quelle liberté nous donnera le Gouvernement républicain?

R. La République brisera les entraves qui gênent ou qui empêchent l'exercice des droits naturels de l'homme.

D. Quels sont ces droits?

R. Ils sont trop nombreux pour être tous énumérés ici. En voici quelques-uns : Faculté illimitée de penser, de publier ses opinions, de discuter les actes du Gouvernement; droit d'aspirer à toutes les fonctions publiques; faculté de s'associer en tout et pour tout; suppression progressive des entraves qui arrêtent l'essor de l'industrie, du commerce, des échanges; droit au travail, avec celui d'en retirer un fruit légitime; etc., etc.

D. Une pareille liberté n'est-elle pas voisine de la licence et de l'anarchie?

R. Non : D'abord la vie privée sera comme toujours respectée, et la calomnie sévèrement réprimée. Puis la liberté de chacun devra se régler sur la liberté de tous, et s'arrêter au point où elle serait une menace et une atteinte aux droits d'autrui. L'équilibre qui s'établira entre l'exercice des droits de chacun produira un ordre vrai et sincère, un ordre durable, un ordre contre lequel personne ne protestera plus au fond de sa conscience, parce qu'il réalisera et garantira autant que possible les droits de tous.

D. Est-ce qu'avant la proclamation de la République tous les Français n'étaient pas égaux devant la loi?

R. La charte avait proclamé cette égalité, mais cette égalité était illusoire. Pour que tous les citoyens soient égaux devant la loi, il faut d'abord que la loi soit égale pour tous. La loi consacrait des inégalités que la République fera disparaître. La loi votée désormais par les délégués de la nation tout entière, sera l'expression la plus vraie de la volonté générale. Alors et seulement alors pourra naître la véritable égalité devant la loi.

D. Est-ce que l'égalité complète n'exigerait pas aussi la suppression de toutes les inégalités sociales?

R. Cette suppression est absolument impossible. Ces inégalités sont fondées sur les différences naturelles et inévitables qui se trouvent dans les facultés et les aptitudes des hommes. Sans ces inégalités, la société s'arrêterait et périrait d'immobilité. Des inégalités doivent donc subsister, pour que les diverses fonctions du mécanisme social ne soient pas interrompues.

D. Mais alors la promesse d'égalité, que nous fait la République, est illusoire ?

R. Nullement. D'abord la loi, votée par tous et dans l'intérêt de tous, ne consacrera plus d'inégalités. Puis en faisant supporter inégalement les charges publiques à ceux qui se trouvent dans des conditions inégales, l'Etat nous traitera tous avec justice, et selon l'égalité. Enfin la République viendra en aide à ceux qui sont pauvres, qui souffrent, qui sont ignorants : elle les aidera dans des proportions inconnues jusqu'ici ; elle élèvera le niveau général de l'aisance et de la prospérité publique; elle supprimera, peu à peu et sans violence, les degrés extrêmes de la misère et du labeur; elle facilitera le rapprochement et la fusion de tous les intérêts.

Le problème de l'égalité possible et praticable sera résolu, quand tout homme ne sera réellement malheureux que par sa faute; quand toute espèce de mérite pourra se faire jour; quand le dernier des enfants du pauvre, s'il montre de l'intelligence, du caractère, du génie, pourra, par la force seule des institutions républicaines, parvenir aux plus hautes fonctions, aux plus hautes positions sociales.

D. La fraternité peut-elle jamais perdre son caractère de sentiment ?

R. L'amour ne peut pas se commander, ni s'imposer d'autorité. L'amour, la fraternité doivent toujours partir spontanément du cœur et des entrailles de la société. Ce que l'Etat peut faire, c'est de hâter l'explosion de ce sentiment; c'est de l'éclairer, de le développer et de le diriger.

D. La fraternité universelle n'entraînerait-elle pas la ruine de la famille et de la propriété individuelle ?

R. Certaines théories socialistes seraient de nature à faire naître cette crainte. Mais ces théories reposent sur une erreur contre laquelle le genre humain tout entier, pauvres et riches, a constamment protesté.

La vérité est que la fraternité universelle, la seule morale, la seule praticable, la seule qui soit compatible avec la liberté et la dignité de tous, ne pourra s'établir qu'en s'appuyant sur la propriété et sur la famille.

C'est au sein de chaque famille que naît le sentiment et le mot de fraternité; sentiment qui s'étend ensuite sur la grande famille nationale : la famille est le noyau, le type de toute association. Supprimez la famille, et le sentiment de fraternité n'a plus ni berceau, ni modèle, ni véritable application.

BIBLIOTHÈQUE NATIONALE R.F.

Quant à la propriété, qui n'est, sous un certain rapport, que l'extension de nos organes, le complément des instruments et des moyens nécessaires pour subsister, l'histoire montre qu'elle a été constamment le gage, la garantie de l'indépendance personnelle, et l'aiguillon principal du patriotisme. Porter atteinte à la propriété, ce serait provoquer une servitude matérielle et morale plus tyrannique encore qu'aucune de celles dont l'histoire fasse mention.

Ainsi non-seulement le Gouvernement républicain respectera l'institution naturelle et sacrée de la famille, mais il en fera naître les sentiments là où la misère et le vice les empêchaient de germer. Non-seulement il respectera la propriété et toutes les valeurs matérielles, mais, par la force du système d'association, il en rendra la dépréciation ou la perte subite à peu près impossible.

D. Mais une République fondée sur la fraternité n'est-elle pas un vain rêve?

R. Elle est un rêve pour ceux qui ignorent l'histoire et la marche progressive du genre humain : elle est encore un rêve pour ceux qui s'enferment dans leur égoïsme, et déclarent chimérique tout ce qui dépasse leur étroite et misérable personnalité. Elle est au contraire une grande vérité pour ceux qui croient que son avénement est marqué dans le temps ; qui s'efforcent d'en hâter le terme ; qui aujourd'hui la proclament comme un principe et un fait; qui condamnent enfin toute hésitation comme une faute et un malheur.

D. Mais comment concilier cette proclamation de la fraternité universelle, avec l'agitation, la défiance, et certains désordres dont nous avons été témoins ?

R. Ne confondons pas le passé avec l'avenir. L'avenir appartient à la République, qu'il s'agit de fonder et d'organiser. Les malheurs et les désordres du présent sont le triste héritage du passé ; ils viennent du passé ; ils appartiennent au passé ; ils en sont l'éclatante condamnation. Par exemple, la crise financière et commerciale qui ébranle notre société, et qui pourra entraver pour quelque temps encore les bonnes intentions du Gouvernement nouveau, n'aurait jamais eu lieu, si l'imprévoyance et la corruption du régime précédent ne nous avaient pas conduits à la veille d'une banqueroute.

Les événements de février ont mis à nu toutes les maladies qui rongeaient et qui rongent encore aujourd'hui le corps social. La mission, l'héroïque mission de la République c'est d'entreprendre résolument la guérison de tous ces maux qu'elle n'a point faits.

D. Croyez-vous que le nouveau gouvernement puisse accomplir cette partie de sa mission?

R. Oui, si chaque citoyen se pénètre bien de son rôle et de ses devoirs.

D. Ce rôle n'est-il pas un rôle purement moral, étranger à toutes les agitations politiques ?

R. Oui, sans doute, c'est un rôle moral; mais c'est aussi un rôle essentiellement politique et social.

Jusqu'ici, dans l'histoire et sous les différents régimes monarchiques, le Gouvernement se distinguait, se séparait même quelquefois de ceux qui étaient gouvernés. Avec le régime républicain, alors que la souveraineté et l'exercice du pouvoir appartiennent à tous, cette distinction, cette séparation s'évanouit. Chaque citoyen est investi d'une magistrature universelle et sacrée. L'Etat, la Patrie, c'est nous tous : nous sommes tous chargés de l'administrer, de la défendre, de l'éclairer, de la rendre prospère et glorieuse.

D. Ce rôle est bien beau : pour le remplir dignement que devons-nous faire?

R. De grandes, de difficiles choses. Ce serait un préjugé trop commode de croire qu'on peut former une famille de frères, sans en avoir le dévouement et le cœur; qu'on peut établir une association universelle sans renoncer à de vaines et dangereuses prétentions. Le vrai patriotisme, c'est la vertu, c'est le sacrifice en action. Etes-vous riches, puissants, éclairés? que de vous partent les concessions volontaires, les secours, les idées. Etes-vous pauvres, montrez-vous patients, sobres, persévérants dans le travail. Sachez que les riches ne se rapprocheront de vous, n'auront confiance en vous, qu'autant que vous en serez dignes par vos bonnes qualités. S'il est dangereux pour les premiers de persévérer dans leur isolement et leur égoïsme, il serait bien plus dangereux pour les seconds de prétendre à des biens qu'ils n'auraient pas mérités par leur conduite et par leur travail. Cette usurpation violente rendrait tôt ou tard leur sort plus déplorable encore que par le passé.

D. Alors c'est simplement faire un appel à la vertu, aux généreux efforts de tous ?

R. Rien autre chose. La morale a proclamé depuis des siècles cette vérité : que le bonheur est en raison de la vertu. Cette maxime est aujourd'hui plus vraie que jamais. Elle ne peut avoir de portée et d'application sociale qu'au milieu d'institutions républicaines. Là seulement, les bonnes intentions des uns et les vertus obscures des autres ne seront pas stériles, elles produiront des effets visibles et durables ; elles amèneront la fusion des cœurs, le rapprochement des conditions, et une répartition de plus en plus égale des bienfaits dont la société est la source et le dépositaire.

D. Vous ne tenez point compte, dans la réorganisation sociale, de l'initiative et de l'ascendant que va prendre bientôt l'Assemblée nationale constituante ? De ses travaux et de son esprit, bien plus que des efforts individuels de chacun, doivent dépendre les destinées futures de la République.

R. Je vois que, dominé par vos anciennes habitudes, vous séparez l'Assemblée constituante, du reste des citoyens. Vous oubliez que cette Assemblée, sortie du sein de la nation, doit en être l'expression la plus fidèle. Son rôle, sa mission, ses devoirs seront les mêmes que ceux de chaque citoyen en particulier. Nous sommes tous, chacun dans notre sphère, un élément organisateur, une force constituante. La seule différence entre nous et l'Assemblée, c'est que l'Assemblée portera dans son travail d'organisation et de réparation l'ensemble, les lumières, l'autorité qui manquent aux citoyens pris séparément. L'Assemblée formulera ce que tous sentent plus ou moins confusément; elle fixera les idées encore vacillantes dans beaucoup d'intelligences; elle entraînera par la force d'ensemble ceux de nous qui hésitent encore.

D. A ce compte, tous les citoyens indistinctement peuvent être élus?

R. Il serait à désirer que tous méritassent cet honneur, et qu'on n'eût pas à choisir. Mais aujourd'hui ce choix est un acte d'une souveraine importance, et tout citoyen doit s'éclairer avant de l'accomplir.

D. A quels caractères peut-on reconnaître les vrais représentants de la nation?

R. Ces caractères, nous les avons indiqués plus haut, en esquissant le portrait du bon citoyen.

Puisqu'il s'agit de guérir les maux actuels de la patrie, et d'organiser pour l'avenir le règne de la fraternité, choisissez pour vos mandataires les hommes en qui vous reconnaîtrez le plus de vertus privées, de lumières, de dévouement et d'abnégation : quelle que soit la position sociale qu'ils occupent, ils pourront représenter dignement la nation. Si à ces vertus privées, à ces qualités de l'honnête homme se joignent une intelligence élevée et des connaissances spéciales sur les questions qui touchent à l'organisation des sociétés, alors vous aurez rencontré les candidats les plus dignes de votre confiance.

Si ces deux ordres de qualités se trouvaient départis à deux candidats différents, n'hésitez pas; préférez le premier au second. N'oubliez pas que pour consolider le nouvel édifice social il faudra autant et plus de vertu que de talent, plus de charité que de science.

D. N'y a-t-il pas des candidats à la fois pleins d'honneur et de talent; et qu'il serait pourtant dangereux d'élire?

R. Sans doute; mais ils sont en petit nombre : le mouvement de février les a entraînés avec lui; ils seront bientôt convertis. Nous pouvons affirmer qu'en France aujourd'hui presque personne ne songe sérieusement à restaurer le passé. Les illusions, les regrets, les vœux secrets qu'on entretiendrait à cet égard ne peuvent durer. On ne remonte pas à volonté dans le temps. Mais enfin, de tels candidats, quelque sincères, quelque honorables du reste qu'ils soient, ne représenteraient pas la France actuelle, ils ne représenteraient que des formes de gouvernement déjà condamnées par l'histoire et par la conscience universelle. La présence d'un grand nombre de ces candidats au sein de l'Assemblé nationale pourait être une entrave, un obstacle sérieux, et même, selon les circonstances, un signal de guerre civile.

Par un Professeur du Lycée de Nancy.

Approuvé :

Le Recteur de l'Académie,

B. CARESME.

NANCY, IMPRIMERIE DE VEUVE RAYBOIS ET COMP.

www.ingramcontent.com/pod-product-compliance
Lightning Source LLC
LaVergne TN
LVHW012023170826
845678LV00004BA/1613